Inhalt

Interim-Management

Kernthesen

Beitrag

Fallbeispiele

Weiterführende Literatur

Impressum

GENIOS WirtschaftsWissen Nr. 05/2002 vom 23.05.2002

Interim-Management

M.Reiner

Kernthesen

- Während sich das Interim-Management in England, Holland und den USA schon seit langem etabliert hat, hält der Trend, Führungskräfte auf Zeit einzustellen, in Deutschland nur langsam Einzug. (1), (10)
- Dabei können sowohl in Krisenzeiten als auch in Wachstumsphasen Manager auf Zeit den Unternehmen durch professionelles Agieren die gewünschten Erfolge bringen. (2)
- Die Einsatzschwerpunkte der Krisenmanager liegen vor allem in den Bereichen Projektmanagement, Sanierung und dem Aufbau neuer Geschäftsfelder. (2)

Beitrag

Führungskräfte auf Zeit, die nur für eine bestimmte Dauer und Aufgabe im Unternehmen verweilen, waren bis vor wenigen Jahren hierzulande kaum bekannt. Obwohl sich in der Praxis deutsche Unternehmer diesbezüglich noch immer verhalten zeigen, tendieren immer mehr Firmen dazu, Manager für einen begrenzten Zeitraum einzusetzen. Die Gründe hierfür sind vielfältig: So ist es gerade in Krisenzeiten und bei wachsendem Personalabbau riskant, hochbezahlte Führungskräfte langfristig einzustellen. Aber auch in der Wachstumsphase werden oft Spezialisten benötigt, über welche die Firmen im eigenen Haus nicht verfügen. Die sogenannten Interim-Manager bilden in solchen Fällen eine wertvolle Alternative für die Unternehmen.

Einsatzschwerpunkte

In der Regel dauert der Einsatz der Interim-Manager zwischen drei und sechs Monaten. Sie werden von Unternehmen vor allem dann engagiert, wenn es um die Überbrückung von Vakanzen, Projektmanagement, Sanierungen oder den Aufbau neuer Geschäftsfelder und Standorte geht. Aber auch beim Coaching von Mitarbeitern oder bei Unternehmenszusammenführungen werden die Dienstleister immer öfter beansprucht. (2), (10)

Während der kurzen Zeit ihrer Tätigkeit wird von ihnen verlangt, schnellstmöglich Problemkerne zu erfassen, Lösungen zu präsentieren und bei der Umsetzung zufriedenstellende Resultate zu liefern.

In der Regel sind es Unternehmen ab einer Größe von 1000 Mitarbeitern, die auf die Dienste dieser Freiberufler zurückgreifen. Großen Nutzen sehen Personalberater aber auch für Startup-Unternehmen, die zwar junge und motivierte Leute besitzen, in der Anfangsphase jedoch nur selten kompetentes Personal mit langjähriger Erfahrung. (2), (10)

Unternehmen, die Interims-Manager einstellen, sollten ihre Zielsetzungen von Anfang an klar festlegen. Nur so können die Führungskräfte auf Zeit zielgerichtete Konzepte erstellen und Sofortmaßnahmen ergreifen. Die Dauer des Arbeitsverhältnisses und die Leistungen werden normalerweise vorher vertraglich festgelegt.

Vermittlung

Die Vermittlung von Interims-Managern erfolgt meist durch Personalberater. Eine Vielzahl an Unternehmen hat sich bereits auf die Zeitarbeit von Führungskräften spezialisiert. Aber auch über persönliche Empfehlungen oder das Internet kommt häufig eine Zusammenarbeit zustande.

Anforderungen

Manager auf Zeit müssen eine solide berufliche Karriere, Führungsqualität und Budgeterfahrung besitzen. Aus diesem Grund sind sie selten jünger als 40 Jahre. Aber auch Soft Skills wie Kommunikationsstärke, Motivationsfähigkeit und Stressunempfindlichkeit sind Voraussetzungen für diese Tätigkeit. Da Führungskräfte auf Zeit Probleme in kürzester Zeit lösen müssen, sollten sie für den jeweiligen Einsatzbereich sogar überqualifiziert sein. Denn nur jemand, der die Problemstellung und dazugehörige Lösungsstrategie aus dem Stegreif kennt, kann in einem so kurzen Zeitrahmen effektiv und zügig Hilfestellung leisten. (2)

Anhand von Referenzprojekten können sich Unternehmer darüber informieren, ob der jeweilige Interim-Manager seine Projekte erfolgreich durchgeführt hat und für die Aufgabenstellung in der eigenen Firma in Frage kommt. (2)

Vorteile

Anders als bei einer langwierigen Personalsuche können Interim Manager den Firmen schon in kürzester Zeit zur Verfügung stehen. (2)

Während festangestellte Führungskräfte aus kollegialen Gründen beim Personallabbau oft zögern, fällt es Managern auf Zeit leichter, mit der erforderlichen Härte durchzugreifen. Aber auch vice versa ist dem so: Interim-Manager sind eher bereit, Mängel in der Chefetage offen auszusprechen als interne Mitarbeiter, deren Karriere dadurch gefährdet werden könnte. (2)

Viele Unternehmer, die die Arbeit eines Interim-Managers in Anspruch nehmen, sehen darin auch eine Möglichkeit, zu festangestelltem, qualifiziertem Personal zu kommen. Für sie ist die Zeitarbeit vergleichbar mit einer verlängerten Probezeit. Macht der freiberufliche Manager seine Arbeit gut, wird ihm nicht selten eine Festanstellung angeboten. (7)

Während die Beauftragung von Unternehmensberatungen oft den Eindruck vermittelt, ein Unternehmen stecke in Schwierigkeiten, ist das Leasing von Führungskräften weniger imageschadend. Außerdem sind Unternehmensberatungen in den meisten Fällen nur beratend tätig und besitzen im Gegensatz zu Interim-Managern kein Handlungsrecht. (1), (10)

Nachteile

Von unternehmerischer Seite wird oft befürchtet, dass sich Führungskräfte auf Zeit der jeweiligen Firma gegenüber nicht so loyal verhalten wie Festangestellte, und dadurch unter anderem Informationen nach außen getragen werden könnten. (6)

Eine Abnahme der Motivation bei den festangestellten Mitarbeitern ist ein weiterer Grund, weshalb Unternehmer solchen Einsätzen eher skeptisch gegenüberstehen.

Kritisiert wird außerdem häufig, dass die Zeit, in der ein Interim-Manager für eine Firma tätig ist, kaum ausreicht, um bei Bedarf eine strategische Unternehmensausrichtung zu konzipieren.

Nachteile sehen manche auch in dem meist höheren

Alter der Manager auf Zeit. Dies könnte nämlich dazu führen, dass ein Interim-Manager, der seine Karriere schon hinter sich und ein bestimmtes Alter erreicht hat, dementsprechend weniger Ehrgeiz und Engagement bei der Bewältigung der Aufgaben an den Tag legt. (1)

Vergütung

Pro Tag kostet der Interim-Manager in etwa zwischen 1000 und 2000 Euro zuzüglich Reisekosten und Verpflegung. Relativiert wird das hohe Salär dadurch, dass keine zusätzlichen Versicherungen, Steuern oder Sozialabgaben anfallen. (2)

Fallbeispiele

Auch in Österreich ist das Geschäft mit den Managern auf Zeit noch lange nicht ausgeschöpft. Unter zehn Prozent liegt beispielsweise der Anteil an vermittelten Führungskräften bei der Firma Manpower. Dabei ist ein steigendes Interesse an Leihmanagern vor allem im kaufmännischen Bereich zu verzeichnen. In Ostösterreich ist im Laufe von drei Jahren der Anteil an hoch qualifizierten Zeitarbeitskräften um das Doppelte auf 30 Prozent gestiegen. (6), (7)

In Deutschland sind nur etwa 3 Prozent der Führungskräfte Manager auf Zeit. Das sind deutlich weniger als in England. Nur ein kleiner Anteil an Unternehmen in Deutschland hat tatsächlich Erfahrung mit dieser Art von Management. (5)

Frauen sind unter den Führungskräften auf Zeit eher selten vertreten. Sie bilden nur 15 Prozent der freiberuflichen Dienstleister. Katya Kratzer ist eine davon. Bei speziellen Anforderungen können Zeitmanager wie sie Hilfeleistungen hinzuziehen, indem sie ein Netzwerk von qualifizierten Leuten aufbauen und bei Bedarf darauf zurückgreifen. (3), (10)

Detaillierte Informationen zum Thema Interim-Management, können über zwei aktuelle Studien abgerufen werden. Der deutsche Interim-Management Report 2001 ist über die Vermittlungsfirma Management Angels GmbH (www.mangagement-angels.de) (8) zu beziehen. Die britische Studie The Sambrook Report on UK Interim Management Market wurde von der britischen Interim-Management Firma Executives Online herausgegeben und kann kostenlos angefordert werden. Einige Ergebnisse sind unter www.executivesonline.co.uk/info/sambrook/sambrook. (11) abrufbar.

Die Hamburger Personaldienstleister Management Angels haben das Buch Interimsmanagement - Für die Wirtschaft im Wandel heraus gegeben. Darin werden unter anderem Fallstudien aufgeführt, in denen Interim-Manager über ihre Projekte berichten. Außerdem werden Studienergebnisse zum deutschen und englischen Markt diskutiert. (8)

In der Datenbank des Bund Deutscher Unternehmensberater (BDU) können Berater, die Interim-Management Dienste anbieten, unter dem Stichwort Management auf Zeit abgefragt werden.

Weitere, auf Interim-Management spezialisierte Vermittler, präsentiere die Süddeutsche Zeitung in einer Beilage. (9)

Weiterführende Literatur

(1) Lixenfeld, Christoph / Braun, Manfred, Chefs zum Ausleihen. Management auf Zeit war in Deutschland lange fast unbekannt mittlerweile hat sich das spürbar geändert, Süddeutsche Zeitung Nr. 70 vom

23./24.03.2002, S. V1/19
aus Frankfurter Allgemeine Zeitung, 04.03.2002, Nr. 53, S. 24

(2) Leih' mir deinen Manager. Geliehene Führungskräfte lösen Probleme und gehen wieder, wenn sie ihren Job erledigt haben, Süddeutsche Zeitung vom 27.03.2002, Ausgabe Deutschland, Seite V2/14
aus Frankfurter Allgemeine Zeitung, 04.03.2002, Nr. 53, S. 24

(3) Die Interims-Frau
aus brand eins, Heft 3/2002, S. 102-103

(4) Längst tummeln sich auch Akademiker im Zeitarbeitsgewerbe. Die neuen Nomaden der Arbeit, Stuttgarter Zeitung vom 10.04.2002
aus brand eins, Heft 3/2002, S. 102-103

(5) Littger, Heike, Aktuelle Studien. Die Branche wächst- wenn auch nicht so schnell wie erhofft, Süddeutsche Zeitung vom 23.03.2002, Ausgabe Deutschland, Seite V1/19
aus brand eins, Heft 3/2002, S. 102-103

(6) Gulnerits, Kathrin, „Wer nach zehn Tagen nichts erreicht, fliegt". Zwischen 14.000 und 29.000 EUR verdienen Manager auf Zeit, die dafür Know-how mitbringen, das nicht jeder hat, WirtschaftsBlatt Nr. 1583 vom 16.03.2002, Seite E7
aus brand eins, Heft 3/2002, S. 102-103

(7) Auch bei Top-Personal ist nun Leasing gefragt
Selbst Spezialisten werden heute via Personalleasing gesucht, ist der Trend am Arbeitsmarkt
aus WirtschaftsBlatt, 23.03.2002, Nr. 1588, S. E8

(8) www.management-angels.de
aus WirtschaftsBlatt, 23.03.2002, Nr. 1588, S. E8

(9) Vermittler, Süddeutsche Zeitung vom 27.03.2002, Ausgabe Deutschland, Seite V2/14
aus WirtschaftsBlatt, 23.03.2002, Nr. 1588, S. E8

(10) Von Einsatz zu Einsatz Warum immer mehr deutsche Unternehmen in Krisenphasen Manager auf Zeit einstellen
aus FTD Financial Times Deutschland vom 25.01.2002, Seite 29

(11) www.executivesonline.co.uk
aus FTD Financial Times Deutschland vom 25.01.2002, Seite 29

Impressum

Interim-Management

Bibliografische Information der deutschen Nationalbibliothek

Die Deutsche Nationalbibliothek verzeichnet diese Publikation in der deutschen Nationalbibliografie; detaillierte bibliografische Daten sind im Internet über http://dnb.d-nb.de abrufbar.

ISBN: 978-3-7379-0997-6

© 2015 GBI-Genios Deutsche Wirtschaftsdatenbank GmbH, Freischützstraße 96, 81927 München, www.genios.de

Alle Rechte vorbehalten. Dieses Werk ist einschließlich aller seiner Teile – z.B. Texte, Tabellen und Grafiken - urheberrechtlich geschützt. Jede Verwertung außerhalb der Grenzen des Urheberrechtsgesetzes bedarf der vorherigen Zustimmung des Verlags. Dies gilt insbesondere auch für auszugsweise Nachdrucke, fotomechanische Vervielfältigungen (Fotokopie/Mikroskopie), Übersetzungen, Auswertungen durch Datenbanken oder ähnliche Einrichtungen und die Einspeicherung und Verarbeitung in elektronischen Systemen.